LA GUÍA COMPLETA PARA TOCAR GUITARRA DE BLUES

Libro 1 - Guitarra rítmica

JOSEPH **ALEXANDER**

FUNDAMENTAL**CHANGES**

La guía completa para tocar guitarra de blues

Libro 1 - Guitarra rítmica

ISBN: 978-1-910403-51-8

Publicado por **www.fundamental-changes.com**

Traducido por María Julieta Pallero

El autor ha declarado su derecho moral.

Para ver más de 350 lecciones gratuitas de guitarra con video entra a:

www.fundamental-changes.com

Twitter: @guitar_joseph

FB: FundamentalChangesInGuitar

Instagram: FundamentalChanges

Contents

Prólogo

¿Qué quiere decir alguien cuando dice que toca la "guitarra de blues"?

La variación pura del estilo musical dentro del género del "blues" es casi incalculable: sería imposible cubrirlas a todas en solo cien páginas de texto y ejemplos.

Las raíces del blues como estilo musical bien documentado en la cultura popular están en los "espirituals", las "canciones de trabajo" y los "gritos de campo", cantados por los Afroamericanos en la era del cautiverio y en los años que siguieron a la emancipación. Como resultado, el blues es rico en ritmo, armonía, melodía y fraseo Afroamericano. Una de las estructuras melódicas más importantes que conserva un fuerte vínculo con este tiempo es la interpretación de la "llamada y respuesta" o canto antifonal, donde una "pregunta" musical es cantada, y luego respondida por diferentes voces.

Desde la primer referencia grabada del blues, *I got the Blues* (1908) de Antonio Maggio, la forma musical ha crecido, se ha expandido y ha evolucionado hacia muchos subgéneros diferentes. Desde los primeros "Delta" blues hasta los "Texas" blues y posterior rock contemporáneo, virtualmente roda la música que escuchamos hoy le debe sus orígenes al blues.

Existen cronologías del blues con amplia disponibilidad, y este no es el lugar para una lección de historia (¡aunque *Land Where the Blues Began* -1993- de Alan Lomax es un buen lugar para comenzar!). De todas formas, es esencial que cualquiera que desee estudiar la guitarra de blues moderna comprenda los orígenes del lenguaje.

Aunque la siguiente lista de nombres puede no ser de tu gusto personal, por favor, pasa algún tiempo escuchando las primeras interpretaciones del blues. Algunas de las grabaciones son mediocres (o quizá ni siquiera incluyan una guitarra), pero deberías ser capaz de identificar los elementos en estas raíces musicales que han influenciado el trabajo de guitarristas más contemporáneos, tales como Robben Ford y los fallecidos B.B. King y Stevie Ray Vaughan.

Considero que es esencial escuchar la música de los siguientes músicos de blues tempranos:

Bessie Smith

Ma Rainey

Big Bill Broonzy

Blind Lemon Jefferson

Charley Patton

Leadbelly

Lonnie Johnson

Robert Johnson

Son House

A medida que la construcción de la guitarra mejoró hacia la década de 1950, y a medida que los guitarristas se hicieron más idóneos en la guitarra solista, muchos más de los nombres conocidos asociados al blues con base de guitarra descubrieron la fama. Asistidos por el acceso fácil del público a la música grabada, intérpretes como T-Bone Walker, John Lee Hooker, Muddy Waters, Howlin' Wolf y B.B. King ayudaron a darle forma al sonido estilístico de la guitarra de blues. Una vez más, es esencial escuchar cualquier grabación de estos y otros intérpretes a finales de 1940-1960.

Mientras que estas eras ayudaron a definir el sonido de la música de la guitarra de blues, el final de 1960 a 1980 evolucionó como un período durante el cual el estilo del blues con guitarra moderna se convirtió en la base del rock pesado. Bandas como The Yardbirds y Led Zeppelin, con guitarristas como Jeff Beck, Eric Clapton y Jimmy Page, tuvieron influencias de los intérpretes Afroamericanos enlistados más arriba, e hicieron que el blues avanzara hasta convertirse en la música rock que conocemos hoy en día.

Los álbumes más revolucionarios de Jimi Hendrix *Are You Experienced* y *Axis, Bold as Love* de 1967, junto con otros álbumes de Beck, Clapton y Page, crearon la ilusión del "Dios de la guitarra" en las mentes del público. Es significativo que el lenguaje musical de los cuatro guitarristas y de muchos otros estuviera fuertemente basado en torno al lenguaje del blues.

En 1983, Stevie Ray Vaughan lanzó *Texas Flood*, que se ha convertido en un ejemplo definitorio del estilo de guitarra de blues Texas.

Mientras que esto está lejos de ser una historia completa de la guitarra de blues y hay algunas omisiones muy notorias, recomiendo altamente la obra maestra de Martin Scorsese, *Martin Scorsese Presents: The Blues*, una caja recopilatoria con 7 DVDs de las figuras del blues más importantes de los últimos 100 años, aproximadamente, que te ayudará a aprender más sobre las raíces y la lucha política del blues.

Con tanta diversidad musical en este único género, es difícil saber dónde y *cuándo* comenzar. Existen, sin embargo, muchos temas que forman parte de un conocimiento requerido y que son aplicables a la mayoría de los estilos de guitarras de blues.

Estoy escribiendo esta serie de libros para ayudar a desglosar el lenguaje utilizado en el blues con guitarra moderna desde alrededor de 1950 en adelante. Esto no es, de ninguna forma, un estudio cronológico, y para que las cosas sean manejables, el libro está dividido en dos partes.

Libro 1: Estructura del blues, acordes e interpretación de la guitarra rítmica.

Libro 2: Ser solista de guitarra de blues, vocabulario, escalas, enfoques rítmicos y técnicas.

Libro 1: Guitarra rítmica

Mientras que hay relativamente pocas *estructuras* de acordes de blues comunes, hay una multitud de enfoques que podemos tomar para embellecer la armonía "estándar". También examinaremos los patrones de riffs comunes y la sensación *directa* versus sensación de *tresillo* en la interpretación de la guitarra rítmica. Aprenderás las diferencias entre los tipos mayores y menores de progresiones de blues y muchos *voicings* de acordes diferentes para usar y agregar una gran profundidad e interés a tu interpretación.

Hay capítulos dedicados a los *turnarounds,* riffs de cuerda abiertos y rellenos melódicos (frases solistas) que te ayudarán a moverte fluidamente de un acorde a otro.

Entraremos en considerable detalle sobre cómo tocar la guitarra rítmica con un cantante u otro instrumento solista utilizando los escasos voicings *shell* o acordes *drop 2* de más alto registro.

Hasta estudiaremos algunas formas comunes de blues que no son de 12 compases, tales como las formas de blues de 8 y 16 compases.

La sección más grande por lejos del libro 1, observa la *colocación* rítmica de los acordes. El objetivo es abrir tus oídos a la sutileza de *dónde,* no de *qué* tocas en el compás. Tanto en el tiempo de tresillo (12/8) como en el tiempo par (4/4) observaremos cómo tocar sobre *cualquier* subdivisión del ritmo con sutileza y fineza. Aprenderás a soltar acordes en el ritmo cuando quiera que lo desees, y aprenderás que un drop puede ser mucho más poderoso que todo un compás de relleno con acordes poco enfocados.

Las extensiones de acordes también serán abordadas... En vez de tocar sólo acordes mayores simples, cubriremos comprensivamente los acordes dominantes 7, 9 y 13, además de algunos lugares geniales en donde utilizar los acordes *alterados*.

Resumiendo, *La guía completa para tocar guitarra de blues – Parte 1* tiene como objetivo responder a todas las preguntas más comunes sobre la guitarra rítmica de blues.

Libro 2: Fraseo melódico

Este libro trata sobre ser solista en mucho, mucho más detalle.

El fraseo melódico es un concepto nuevo en la guitarra solista de blues: en vez de enseñarte cientos de licks de blues imposibles de recordar, te mostramos cómo formar tu propio y único vocabulario con ladrillos básicos de tiempo y ritmo. El foco está en alejarse de la interpretación basada en licks y desarrollar tus propias habilidades de improvisación espontánea. De esta forma, desarrollarás una voz única para tu instrumento mientras que dominas las habilidades evasivas del fraseo de guitarra de blues.

Cubriendo, pero alejándose rápidamente de los principios básicos de la interpretación de blues (bends precisos, vibratos y glissandos expresivos), el fraseo melódico observa profundamente los fragmentos rítmicos que están en la fuente de cada línea de guitarra de blues. Dominando y combinando estos ritmos, inmediatamente comenzarás a formar tu propio lenguaje único del blues, y desarrollarás tu propio y único estilo.

Hay capítulos extensos sobre la colocación de las notas- cómo tocar exactamente lo que quieres y cuando quieres. Las posibilidades se hacen infinitas cuando abrimos el compás de esta manera. Desarrollarás todo un nuevo nivel de conciencia de las subdivisiones del ritmo y aprenderás a transformar los mismos licks en miles de formas diferentes.

El desplazamiento de los licks también se verá hasta el más mínimo detalle... cómo mover la misma línea en negras, corcheas e incluso semicorcheas para disimular sus orígenes y hacer que suene fresco, nuevo y personal. Este es uno de los "secretos" del fraseo de guitarra de blues, especialmente a través de los cambios de acordes.

Se pasa una gran cantidad de tiempo enseñándote a desarrollar natural y orgánicamente cualquier lick melódico de una manera fuerte y musicalmente creativa. Este tipo de desarrollo musical está en las raíces de todas las improvisaciones de blues, y es imperativo para el sonido de la guitarra de blues.

También dominarás el fraseo de "llamada y respuesta" y aprenderás a utilizarlo como vehículo para desarrollar tus propios solos.

Libro 3: Más allá de la escala pentatónica

"Más allá de la escala pentatónica" te muestra cómo desprenderte de la rutina del solo de pentatónica menor en la que muchos guitarristas caen.

La primera mitad de "Más allá de la escala pentatónica" te muestra cómo enfocarte en las notas más poderosas de cada acorde en la progresión de blues para crear un mayor efecto emocional.

Cada cambio de acorde en la progresión de blues está cubierto en detalle, con diagramas claros y más de 125 grandes licks para aprender. Te encontrarás rápidamente tocando solos emotivos y originales que nunca creíste posibles.

La segunda mitad de "Más allá de la escala pentatónica" observa en gran detalle las muchas elecciones de escala posibles para cada uno de los acordes en el blues. Cada escala esencial se da para los acordes I, IV y V, con teoría y conceptos importantes explicados con claridad. Hay más de 125 piezas de vocabulario de blues auténtico, sumado a varios "trucos del oficio" que te ayudarán a incorporar estos atractivos sonidos a tus solos.

No hay un libro mejor y más detallado que te enseñe los secretos de los solos de guitarra de blues.

Estos tres libros están ahora disponibles en una edición de recopilación en Amazon.com

Escucha atentamente, tómate tu tiempo y, por sobre todo, ¡diviértete!

Joseph

Consigue el audio

Los archivos de audio de este libro están disponibles para descarga gratuita en **www.fundamental-changes. com** y el link está en la esquina superior derecha. Sencillamente selecciona el libro con este título en el menú desplegable y sigue las instrucciones para conseguir el audio.

Te recomendamos que descargues los audios directamente en tu computadora y no en tu tablet, y los extraigas allí antes de agregarlos a tu biblioteca multimedia. Luego puedes ponerlos en tu tablet, iPod o grabarlo en un CD. En la página de descarga hay un archivo PDF de ayuda, y también te proporcionamos soporte técnico a través del formulario de contacto.

Capítulo 1 – La estructura básica del blues de 12 compases

A pesar de ser un cliché y también el punto de partida para un millón de guitarristas, la progresión "estándar" del blues de 12 compases es un conocimiento esencial para cualquier guitarrista moderno. Es la base de innumerables canciones, y ha estado en el repertorio de los músicos por más tiempo del que se puede recordar.

Comenzaremos echándole un vistazo a la forma del blues de 12 compases más "básica" y común antes de observar las alteraciones, adiciones y riffs más comunes.

Mientras que esperamos que esto sea obvio, la figura que estamos estudiando se llama "blues de 12 compases" porque, como estructura musical, tiene 12 compases de longitud. En su forma más básica contiene solo tres acordes, y todos ellos se toman de la escala mayor que puede que ya conozcas. Los acordes se forman en el primer, cuarto y quinto *grados* (notas) de la escala mayor.

Por ejemplo, en el tono de A mayor:

A B C# D E F# G#

Utilizamos los acordes A mayor, D mayor y E mayor.

Los grados de cualquier escala siempre se describen con números romanos.

1 = I

4 = IV

5 = V

Así que en el tono de A mayor,

A = I

D = IV y

E = V

Cuando utilizamos los números romanos para describir los tonos de la escala de esta forma, no importa en qué tono estamos: siempre podemos explicar fácilmente las relaciones entre los acordes. De alguna forma, esto trata de álgebra musical porque describimos las relaciones entre acordes más que los acordes en sí mismos.

En la música occidental moderna (especialmente pop, rock y blues), los acordes I, IV y V son los más comúnmente usados en la formación de canciones.

La progresión de blues de 12 compases más simple utiliza solo los acordes I, IV y V. Mientras que podría no ser la versión más emocionante de un blues que jamás escucharás, es muy importante conocer las bases fundacionales de la progresión antes de lanzarte hacia las muchas variaciones posibles.

Estudia el siguiente diagrama de acordes (**ejemplo 1a**). He dado tanto los nombres como la numeración romana de cada acorde, junto con un voicing de acorde de posición abierta, de manera que puedas tocar junto con el ejemplo en audio.

Ejemplo 1a:

En términos generales, hay dos sensaciones musicales principales utilizadas en el ritmo de blues: *directa* (o par) y tresillo (u oscilante). El tresillo es más común y puede ser escuchado en blues famosos tales como *Stormy Monday* (T-Bone Walker), *Blues Power* (Albert King), o *Five Long Years* (Buddy Guy).

La sensación directa del blues también es importante y es utilizada en muchas canciones tales como el increíble *Scuttle Buttin* (Stevie Ray Vaughan), *Messin' with the Kid* (Buddy Guy) y *Crying at Daybreak* (Howlin' Wolf). Es más común en las canciones de rock y pop que en lo que un tradicionalista podría considerar como un *verdadero* blues. De todas formas, el blues directo es un lugar más sencillo para comenzar, de manera que comenzaremos a aprender la guitarra rítmica de blues tocando el blues de 12 compases con una sensación directa.

El primer ejercicio es tocar los acordes correctos sólo en el tiempo uno y el tiempo tres, como se ve en el

Ejemplo 1b:

El siguiente ejercicio es rasguear únicamente en los tiempos 2 y 4, como se ve en el **ejemplo 1c:**

Finalmente, prueba agregar un poco de groove a la guitarra rítmica tocando en uno de los compases inacentuados (entre los tiempos). Escucha el audio si no estás seguro de cómo suena este ritmo. En el siguiente ejemplo tocaremos en el tiempo uno, dos y el compás inacentuado en el tiempo cuatro (4&).

Ejemplo 1d:

Los ejemplos 1a-1d son todos ejemplos de una sensación de blues *directa*. Cada tiempo está dividido uniformemente en dos partes iguales y esta sensación musical se encuentra más a menudo en la música rock y pop. Puedes contar *"1 y 2 y 3 y 4 y..."* a lo largo de la progresión.

Veremos más formas de subdividir el compás y liberar tu interpretación en el capítulo 7, pero por ahora deberás seguir tocando con el **acompañamiento 1**, viendo si puedes encontrar más posibilidades de colocación de tus acordes. Déjate llevar por el groove de la pista de acompañamiento y utiliza el bajo y la batería para guiarte.

El blues de tresillo

Por contraste, el blues de tresillo tiene un aire mucho más relajado y perezoso en los tiempos lentos, pero pueden ponerse bastante alegres cuando aceleramos las cosas. Cada uno de los cuatro tiempos principales en el compás tiene *tres* subdivisiones uniformes, dando un total de doce corcheas (1/8vo de nota) en cada compás. Esto es lo que se denomina una *fórmula de compás* al comienzo del siguiente compás de música: 12 notas de corchea en el compás. Es simplemente una convención musical agruparlos de a tres. Un compás de 12/8 se ve así:

Hay muchas maneras de dividir este compás de 12/8 que exploraremos más en el capítulo 8, pero por ahora seguiremos con algunos de los grooves más populares.

Aun podemos tocar en los tiempos uno y tres como se muestra en el **ejemplo 1e:**

Asegúrate de escuchar el ejemplo 1e antes de tocarlo. La sensación rítmica es un poco más "alegre". Y puede que te sea un poco más difícil ubicar tu acorde correctamente. A pesar de que todavía estás tocando en los tiempos uno y tres, como en el ejemplo 1b, la sensación musical es muy distinta. Esta sensación de tresillo es mucho más común en el blues y el R&B.

El siguiente ejercicio es para tocar únicamente en los tiempos dos y cuatro, como se muestra en el **ejemplo 1f:**

El ejemplo final por ahora te enseña a tocar en la *primera y tercera* corcheas de cada tiempo. Este es uno de los ritmos de blues "básicos" más importantes. Como siempre, escucha atentamente los ejemplos en audio para asegurarte de que puedas familiarizarte con la sensación musical.

Ejemplo 1g:

En términos de técnica, puede ayudar mucho mantener la mano con la que rasgueas apoyada suavemente sobre las cuerdas para producir un sonido silenciado y entrecortado, ya que esto ayudará a articular los acordes de manera más clara. También podrías querer dejar que la primer nota de cada tiempo suene por un poco más de tiempo para crear un sonido menos agresivo. Puedes escuchar esto en el **ejemplo 1h:**

Pasa algún tiempo tocando con estos ritmos y ve qué se te ocurre. Escucha de nuevo tus canciones de blues favoritas y decide si están tocadas con una sensación directa o de tresillo.

Los ejemplos de este capítulo han utilizado acordes mayores simples. Trabaja con el capítulo nuevamente, pero esta vez sustituye cada acorde por su acorde "7" equivalente:

Por ejemplo, en vez de tocar A mayor, toca A7. Aquí tienes las formas de los acordes que necesitarás:

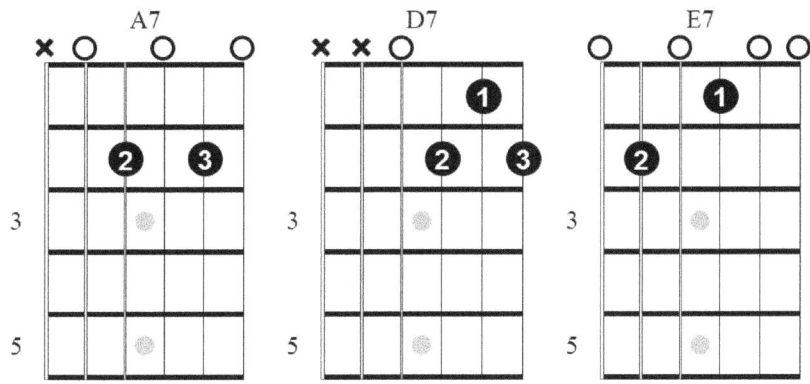

Finalmente, prueba la progresión de blues de 12 compases sustituyendo en acordes *menores* en cada compás:

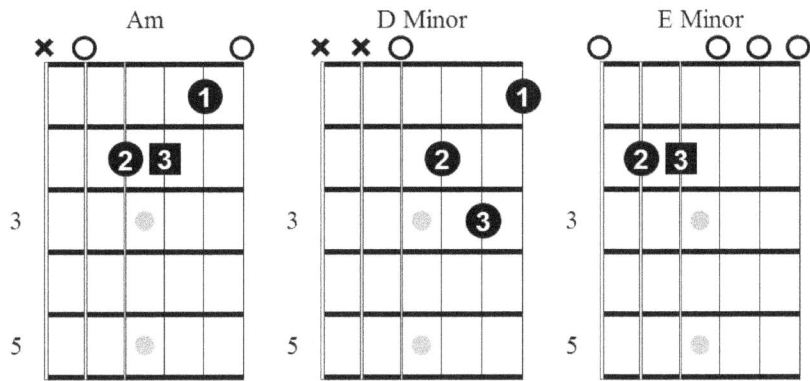

Observa cómo la calidad del acorde afecta drásticamente el estado de ánimo de la canción.

Capítulo 2 – Riffs de blues de cuerda abierta y variaciones

Mientras que es esencial saber la *forma* de un blues de 12 compases, nuestra interpretación en guitarra rítmica se estancará rápidamente si seguimos tocando solo en acordes en cada compás.

Una técnica común es crear riffs y líneas de bajo de cuerda abierta mientras que, simultáneamente, se esbozan los cambios de acordes, como se ha visto en el capítulo anterior. En este capítulo exploraremos algunos ejemplos "clásicos" de riffs de guitarra de cuerdas abiertas.

Los siguientes ejemplos están tocados como ritmos de sensación de *tresillo* en los ejemplos en audio, de todas formas deberías experimentar tocándolos tanto con sensación directa como con tresillo.

El ejemplo 2a es un riff de blues típico que puede ser utilizado en cualquier momento en que haya un acorde de A mayor (acorde I) en la progresión. Ha sido utilizado por *todos* los guitarristas de blues en algún momento. La mano con la que punteas está continuamente rasgueando la nota del bajo "A" en la 5ta cuerda *con* una figura que se mueve sobre la 4ta cuerda. Usa el 1er y 3er dedo de la mano con la que trasteas para "balancearte" hacia adelante y hacia atrás entre las notas alternantes.

Ejemplo 2a:

Escucha el ejemplo en audio y toca junto a él para internalizar la sensación de tresillo. El primer rasgueo de cada grupo de dos notas es más largo y el segundo más corto.

Si contamos 1 2 3 1 2 3 a través de cada compás, entonces el primer rasgueo dura por la cuenta de 1 y 2, y el segundo rasgueo dura solo por la cuenta de 3. El primer rasgueo, más largo, dura por la cuenta de 1 y 2, y el rasgueo más corto dura sólo por la cuenta de 3. Esto se muestra debajo, en el ejemplo 2a. Prueba contando en voz alta mientras tocas junto con cada ejemplo en audio.

Para tocar este riff de blues en el acorde mayor D (acorde IV), todo lo que debemos hacer es simplemente desplazar el patrón hacia las cuerdas 4ta y 3ra. Estamos tocando *exactamente* el mismo riff, solo nos movimos una cuerda.

Ejemplo 2b:

Finalmente, para tocar este riff para el acorde mayor E (acorde V), podemos desplazar este patrón hacia las dos cuerdas graves.

Ejemplo 2c:

Practica cambiando entre cada uno de los tres ejemplos previos. Cuando estés listo, intenta utilizar estos riffs para tocar una progresión de blues entera, como se muestra en el **ejemplo 2d.**

Ejemplo 2d:

Al utilizar este patrón simple, podemos agregar más profundidad a la parte de la guitarra cuando tocamos el ritmo de blues.

De todas formas, hay muchas variaciones de este patrón que pueden ser insertadas en cualquier parte para agregar aún más interés a la parte de la guitarra rítmica.

Hay variaciones sutiles en la parte de guitarra rítmica que pueden ayudar a "alimentar" al solista con ideas creativas y a construir el groove de la música, tanto para la banda como para la audiencia.

Estudia el **ejemplo 2e:**

Open String Blues Riff Variation

En este ejemplo, en vez de simplemente repetir el movimiento hacia atrás y adelante como hemos hecho previamente, utiliza tu meñique para estirarte y tocar el 5to traste en la 4ta cuerda en el tiempo 3. Prueba moviendo este ejemplo a lo largo de los cambios de acordes, como hicimos en el ejemplo 2d.

Ejemplo 2f:

Open String Blues Riff Variation 2

De nuevo, este riff puede ser utilizado en los acordes A, D y E moviéndolo a través de los grupos de cuerdas como has aprendido previamente en este capítulo.

Otro riff clásico en el estilo de John Lee Hooker utiliza el ligado descendente o "pull-off" para crear una línea de bajo descendiente al final de cada compás.

Ejemplo 2g:

Open String Blues Riff Variation 3

Este ejemplo siguiente combina ideas previas y utiliza una nota de bajo en una cuerda más grave, para darle aún más movimiento en la parte de la guitarra.

Ejemplo 2h:

Como siempre, practica moviendo esta variación a lo largo de los tres grupos de cuerdas.

Hasta ahora, todos los rellenos de bajo han sido llevados a cabo en los últimos tiempos de cada compás. Podemos sacudir fácilmente las cosas un poco agregando un relleno en el tiempo dos.

Ejemplo 2i:

Finalmente, una gran forma de abordarlo es dividir cada acorde en dos partes para *desplazar* la línea del bajo.

Ejemplo 2j:

Una vez que tengas algunos de estos riffs bajo tus dedos, toma un enfoque de "mezclar y combinar" para tocarlos en una progresión de blues de 12 compases. Todas estas ideas son intercambiables libremente, así que utilízalas cuando sea que sientas que van a funcionar.

Un ejemplo posible de entre cientos de modificaciones aparece en la próxima página:

Ejemplo 2k:

12 Bar Blues With Variations

¡He agregado algunos nuevos rellenos para mantenerte en forma!

Para ganar un poco de inspiración de todo lo que se puede lograr utilizando esta importante técnica de guitarra rítmica, escucha *Pride and Joy* de Stevie Ray Vaughan. ¡Hay una sola guitarra tocando en esa intro!

En *Pride and Joy,* Stevie Ray Vaughan combina este tipo de líneas de bajo que hemos visto en este capítulo con la interpretación de acordes *al mismo tiempo.* Este híbrido de cuerdas + línea de bajo es típica del estilo de blues Texas. Observemos algunos ejemplos cortos para familiarizarnos con la sensación de este tipo de interpretación.

E Mayor es probablemente el tono más común para el blues de 12 compases cuando se toca la guitarra por muchos motivos, pero uno de los más importantes es porque podemos utilizar la cuerda abierta E para formar líneas de bajo graves cuando tocamos. Aquí tenemos una forma de agregar una línea de bajo a un acorde E mayor en 12/8.

Ejemplo 2l:

Utiliza el punteo alternado estricto en esta idea para familiarizarte con la sensación del riff.

También podemos aplicar esta idea a un acorde A mayor:

Ejemplo 2m:

Otra razón por la que a los guitarristas les gusta tocar en el tono E, es que todas las cuerdas abiertas están disponibles para tocar, por lo que es útil cuando queremos darle a un acorde de la nada. Utilizando esta técnica, podremos tocar dos acordes en un compás con la línea del bajo caminante.

Ejemplo 2n:

Otro enfoque en este estilo es utilizar dos acordes en un compás. El siguiente ejemplo es escuchado como un riff en E a pesar de que hay un acorde A fuerte en el compás.

Ejemplo 2o:

Otra excelente línea de bajo de Stevie Ray Vaughan a la que hay que echarle un vistazo es la de la canción *Rude Mood*.

Escuchar líneas de bajo también puede ser una gran fuente de ideas para emular en tu interpretación. ¡Prueba robándote algunas!

Finalmente, es importante destacar que en la sección del turnaround (los cuatro últimos compases) el acorde V final, en este caso E7, es muchas veces *retrasado* por hasta dos tiempos. Toca el **ejemplo 2p** para aprender esta técnica importante en el tono de A.

Ejemplo 2p:

Este desplazamiento del acorde final V podría aparecer debido al "lick del turnaround" que muchas veces se toca en el acorde I. Nota cómo el lick en el compás A mayor tiene el efecto de empujar al acorde V hacia atrás, tal y como acabamos de ver:

Ejemplo 2q:

Este tipo de idea rítmica sucede frecuentemente en la música del blues Texas y Delta, así que debes estar atento de que aparezca.

Capítulo 3 – Usando acordes con séptima dominante

Mientras que el blues de 12 compases deriva de los acordes I, IV y V en la escala mayor, es común sustituir estos acordes mayores por cualquier otra calidad de acorde que desees. Las sustituciones más comunes· son utilizar los acordes de séptima dominante (7) y séptima menor (m7).

Hemos cubierto brevemente los acordes de séptima dominante en la posición abierta en el capítulo 1:

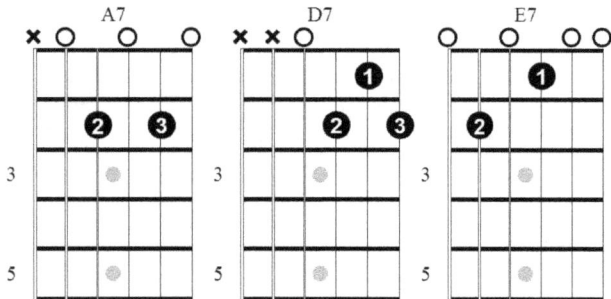

El **ejemplo 3a** muestra el blues de 12 compases sustituyendo los acordes mayores que hemos estado utilizando con estos acordes de séptima dominante.

Nota cómo todo el estado de ánimo de la música ha cambiado de ser alegre a ser un poco más relajado y "suave" con los acordes de séptima dominante.

Todos los riffs que has aprendido en el capítulo anterior funcionarán sobre esta progresión, así que prueba combinando el enfoque del acorde y la línea de bajo que hemos aprendido en el capítulo 2.

Estos acordes de posición abierta son un conocimiento importante, pero para expandir nuestra habilidad de tocar el blues en *cualquier* tono, necesitamos aprender a tocar el blues utilizando los acordes *con cejilla*.

Las primeras figuras que se deben aprender cuando se pasa a los acordes con cejilla aparecen aquí en el **ejemplo 3b:**

Los acordes con cejilla son figuras de acordes móviles; una vez que hayamos aprendido un acorde con cejilla podremos moverlos hacia cualquier lugar del mástil para tocar el mismo *tipo* de acorde con una nota de bajo diferente. Por ejemplo, desplazar la figura del acorde con cejilla A7 desde el 5to traste hacia el 7mo traste, significa que el acorde se convierte en B7. Mover un acorde con cejilla D7 dos trastes más abajo nos da un acorde C7.

Reemplaza los voicings de acordes en el ejemplo 3a con estas nuevas figuras de acordes con cejilla, y toca toda la progresión del blues. Tocar en el tiempo uno de cada compás suena como esto:

Ejemplo 3c:

Ahora podemos agregar algunos movimientos rítmicos al blues de 12 compases dividiendo cada acorde con cejilla en una nota de bajo y un golpe de staccato. Esto agregará interés y textura a nuestra interpretación de guitarra rítmica y puede ser visto en los primeros dos acordes del blues en el **ejemplo 3d**.

Ejemplo 3d:

Normalmente, yo utilizaría la técnica de *palm muting* sobre las notas del bajo para darle un efecto de percusión y luego dejaría que el acorde suene por un poco más de tiempo para crear una textura de multicapa en la parte de la guitarra rítmica. Puedes escuchar esta idea en el ejemplo de audio.

Toma esta figura rítmica a través de todo el blues de 12 compases como se muestra en el **ejemplo de audio 3d.**

Una idea extremadamente común en la guitarra rítmica de blues es *deslizarse* hacia el acorde con cejilla desde un semitono de más abajo. Siempre que este deslizamiento sea realizado desde un pulso débil hasta uno fuerte, podremos utilizar esta técnica dinámica. Estudia en detalle el **ejemplo 3e:**

A7   Ab7   D7   Db7

El desafío técnico es asegurarse de que el acorde que estás deslizando, por ejemplo Ab7, suene hasta llegar al acorde A7 posterior. El truco está en encontrar la cantidad justa de presión que te permita retener el acorde mientras deslizas un semitono en todo esto. La figura completa del acorde de seis cuerdas se retiene en cada deslizamiento, aunque yo normalmente solo rasgueo las primeras tres o cuatro cuerdas.

Utiliza tu primer dedo para tocar la última nota en cada compás para ayudar a ponerte en posición para el siguiente acorde con cejilla. Toda la progresión de 12 compases es tocada en el ejemplo 3e, pero solo el comienzo de ella está transcripta aquí. Escucha atentamente y aplica estos deslizamientos de acordes para cada acorde en la progresión.

Estos acordes de aproximación normalmente se tocan en un pulso débil deslizándose hasta un pulso de cuerda. Aquí hay otro acercamiento rítmico que comienza justo antes del tiempo uno.

Ejemplo 3f:

Ab7   A7   Db7   D7   Ab7

Etc...

Slide Chord   Slide Chord

También puedes deslizar dos semitonos como se muestra en el **ejemplo 3g:**

Una vez más, escucha atentamente los ejemplos en audio para obtener el sentimiento y la colocación de estas ideas rítmicas.

También puedes utilizar los mismos ritmos para practicar el acercamiento al acorde objetivo desde *arriba*. La idea está transcrita sobre los primeros tres compases en el **ejemplo 3h:**

Podemos tomar la idea de utilizar riffs de cuerda abierta y aplicarlos a los acordes con cejilla. Algunos de los siguientes ejemplos requieren un estiramiento bastante amplio de la mano que trastea, de manera que si descubres que no puedes alcanzarlo, prueba apoyando tu pulgar en la parte de atrás del mástil y recuerda que no siempre tienes que sostener *todo* el acorde. Es bastante aceptable tocar sólo las dos cuerdas de más abajo si el estiramiento lo requiere.

Aquí está el riff de blues básico con los acordes A7, D7 y E7.

Ejemplo 3i:

Podemos hasta utilizar un estiramiento mayor con nuestro meñique, como se observa en el **ejemplo 3j:**

También podemos agregar un acorde con deslizamiento para un movimiento extra en la parte rítmica. Esto se muestra en el **ejemplo 3k:**

El movimiento en la parte de la guitarra rítmica también puede estar en la parte superior del acorde, no sólo en el bajo. Los siguientes ejemplos funcionan bien cuando estamos tocando debajo de un solo de guitarra, pero puede quedar un poco demasiado lleno de cosas cuando hay una melodía vocal.

En los siguientes ejemplos, utiliza tu dedo más pequeño (meñique) para agregar una nota melódica móvil en la parte alta del acorde. Con la mano con la que punteo, utilizo mi pulgar para tocar las notas del bajo y mis dedos índice, medio y anular para tocar los acordes en bloques de tres notas.

Ejemplo 3l:

Ejemplo 3m:

Simplemente moviendo nuestro meñique sobre el mástil de la guitarra podremos encontrar muchas melodías para darle un movimiento sutil a la parte de la guitarra rítmica. Otras ideas similares pueden darle mucho interés a la canción como totalidad, solo debes ser cuidadoso de no interponerte en el camino del cantante o solista.

Capítulo 4 - Extensiones para acordes con séptima dominante

Los acordes con séptima dominante se utilizan con frecuencia en el blues, pero podemos utilizar *cualquier* acorde de la "familia" de la séptima dominante.

Este no es un libro de teoría de manera que, para mantener las cosas simples, la familia de acordes dominantes incluye a los acordes 7s, 9s, 11s y 13s, que son comúnmente intercambiables. Por ejemplo, si ves un A7 escrito, usualmente no habría razón por la que no pudieras sustituirlo por un acorde A9 o A13. Normalmente deberías ser más cuidadoso con los acordes de undécima dominantes (11), de manera que los vamos a evitar por el momento.

Piensa en los dominantes 9s, 11s y 13s como acordes de séptima dominantes *extendidos*. Mientras que la calidad y funciones del acorde básico dominante son las mismas, estas extensiones agregan profundidad, color e interés a nuestra música.

Aquí tienes algunos voicings útiles para los dominantes 9s y 13s para los acordes I, IV, y V.

Nota que el voicing de A9 aquí es uno *sin raíz*. Esto funciona mejor en el contexto de una situación de banda, donde tienes a un bajista que toque la raíz.

Ejemplo 4a:

Comenzaremos sustituyendo algunos de los acordes de voicings de séptima originales en el blues de 12 compases con acordes de voicings *extendidos*.

Ejemplo 4b:

Usando la idea de abordar cada acorde con un movimiento paso a paso desde arriba y abajo, podemos generar fácilmente un gran interés en la parte de la guitarra rítmica. Estudia el ejemplo 4c para oír cómo este tipo de movimiento decora los acordes del ejemplo anterior. Nota que yo cambio libremente entre el acercamiento del acorde desde arriba *y* desde abajo.

Ejemplo 4c:

También es aceptable cambiar entre acordes de la misma familia en el mismo compás. Por ejemplo, podrías tocar esto:

Ejemplo 4d:

Escucha el movimiento que esto crea en la 2da cuerda y busca el movimiento del semitono desde arriba en el segundo compás mientras que me acerco al Ab13 con un Bb13.

La clave para internalizar estas ideas de acordes es practicar tocando la guitarra rítmica con un acompañamiento.

Pista de acompañamiento 4: el blues de tresillo en A incluye sólo las partes de percusión y bajo de manera que puedas proporcionar tu propio acompañamiento rítmico en guitarra.

Enfócate en cambiar suavemente de acordes a tiempo y experimentar con diferentes extensiones para cada acorde. Por ejemplo, a mí me gusta tocar A13 para el acorde I y D9 para el acorde IV, pero podrías sugerir muchas combinaciones diferentes. También puedes practicar alternando diferentes voicings de acordes y moviéndote entre diferentes extensiones de cada acorde dominante en cada compás. Finalmente, practica los ejemplos de la línea de bajo del capítulo 2, asegurándote de escuchar el bajo y la percusión en la pista de acompañamiento y fijar su sensación.

Capítulo 5 – Variaciones comunes al blues de 12 compases

Hay muchas variaciones de acordes que podemos aplicar al blues de 12 compases mientras mantenemos intacta su estructura. Encontrarás las siguientes alteraciones en cientos de canciones de blues y, a medida que escuches a los intérpretes que te gustan, comenzarás a escucharlas todo el tiempo.

Examinaremos la sección del *turnaround* (últimos cuatro compases) con mayor detalle más adelante, pero primero agreguemos algunas variaciones a los primeros cuatro compases de la canción.

Una idea muy común es ir hacia el acorde dominante (V) en la segunda mitad del compás tres:

Ejemplo 5a:

En el ejemplo 5a, yo me acerco a muchos acordes por pasos, pero lo que hay que observar es el nuevo E9 en el compás tres. Agregar el acorde V aquí ayuda a romper los dos compases estáticos de A7 en la progresión original del blues de 12 compases.

En vez de tocar el acorde E9 en el compás tres, es común oír un Bb7 (acorde A de séptima dominante creado en el bII de la escala). Esta es una de las ideas usadas en *Stormy Monday Blues* de T-Bone Walker.

Ejemplo 5b:

En el blues de 12 compases hay una segunda sección de dos compases "estática" en los compases cinco y seis; dos compases de D7 (acorde IV).

Para agregar un movimiento armónico, muchas veces tocamos un acorde Eb de séptima disminuida en el compás seis. Esta es una idea prestada de un blues con estilo de jazz que funciona verdaderamente bien en un estándar de 12 compases.

Aquí tenemos una forma útil de tocar un acorde Eb de séptima disminuida:

¿Puedes ver que este acorde es idéntico a un acorde D7 "estándar" que ha tenido una raíz elevada por un semitono?

Ejemplo 5c:

Una forma más típica de romper los dos compases (de A7) en los compases siete y ocho es tocar un F#7 (acorde VI7) en el compás ocho. Una vez más, esta idea es prestada del repertorio del jazz, pero es a menudo utilizada en un blues con estilo de Texas.

El ejemplo 5d combina el acorde Eb de séptima disminuida y el acorde agregado VI en un único ejemplo. Los segundos cuatro compases de la progresión de blues podrían verse así:

Ejemplo 5d:

El F#7 puede ser abordado por pasos, si así lo deseas.

Cuando usamos el acorde VI (F#7) en el compás ocho, probablemente puedas oír que la armonía quiere ir a algún lugar diferente del acorde V usual (E7) que normalmente se toca. La forma tradicional de seguir el acorde VI en este contexto es tocar el acorde de séptima menor B (iim7) en el compás nueve.

Al caer en el compás nueve, este Bm7 retrasa por un compás la aparición del acorde dominante.

Ejemplo 5e:

Bm7 E9 A7 E9

Bars
9 - 12

Otra gran forma de retrasar el E7 (V) que cae en el compás nueve es sustituirlo por un acorde F7 o F9 (bVI).

Ejemplo 5f:

D7 E♭dim7 A7 A7

Bars
5 - 8

F9 E9 A7 E9

Bars
9 - 12

Sin salir de los límites de la armonía del jazz y las sustituciones de acordes, éstas son algunas de las variaciones más importantes que ocurren en los primeros ocho o nueve compases de una progresión tradicional de blues de 12 compases.

Una forma final de agregar movimiento a los compases siete y ocho es usar una sustitución que cobró fama gracias a T-Bone Walker en *Stormy Monday Blues*. Es más fácil verlo por escrito que explicarlo con palabras, así que estudia el **ejemplo 5g:**

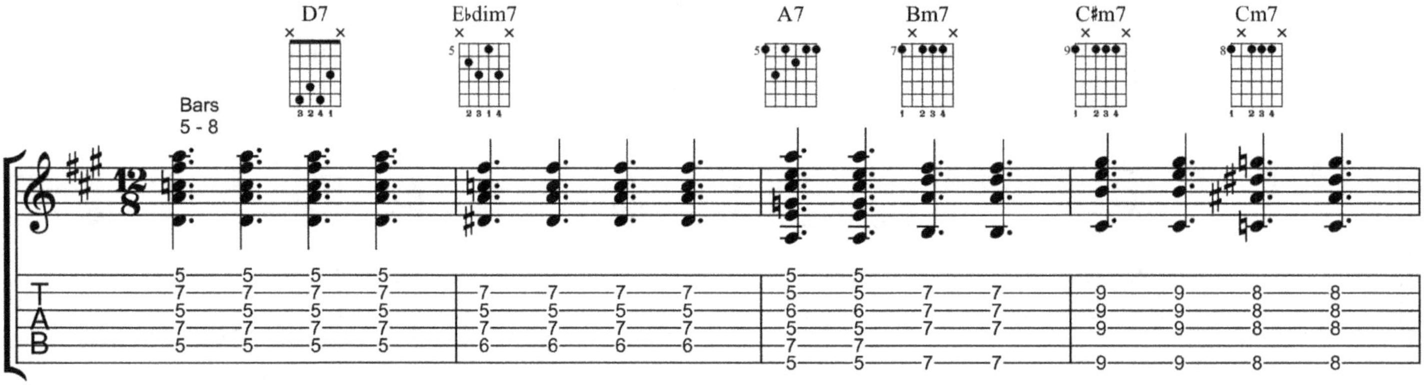
D7
E♭dim7
A7
Bm7
C♯m7
Cm7
Bars
5 - 8

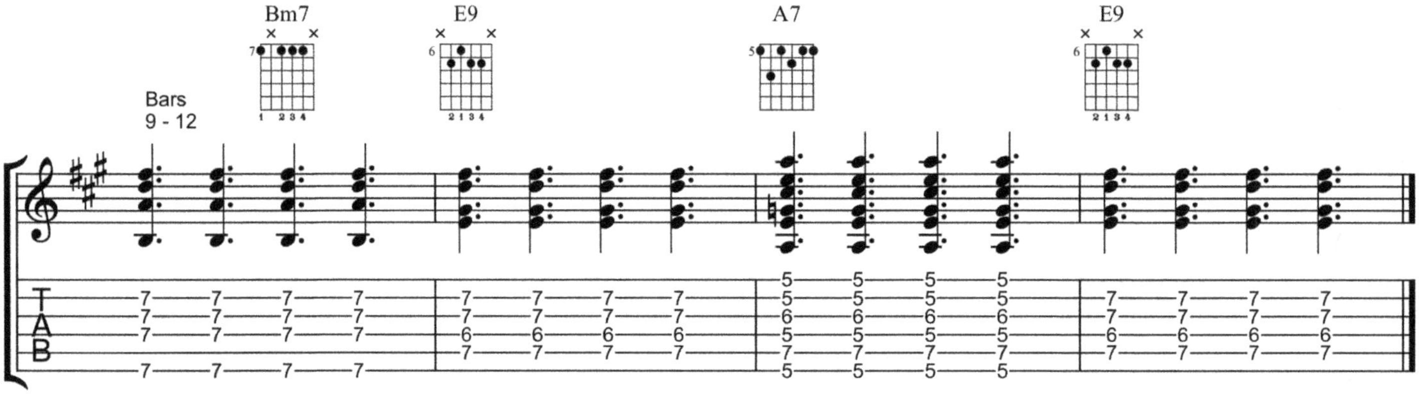
Bm7
E9
A7
E9
Bars
9 - 12

Capítulo 6 – Turnarounds de blues

A los últimos compases de un blues de 12 compases se los llama la sección del *turnaround*, porque está diseñada para "dar vuelta la canción" y llevarla de nuevo hacia el comienzo de la estructura de acordes. Aquí es usualmente donde la mayoría de la tensión en un blues está contenida, tanto armónica como melódicamente. A menudo descubrirás que los acordes *alterados* son utilizados en la sección del turnaround y la frecuencia del acorde o el *ritmo armónico* aumenta.

Para recordar los últimos cuatro compases de un blues estándar, observa el **ejemplo 6a:**

Una idea que escucharás a menudo consiste en agregar el subdominante y tónico a la sección de dos compases final:

Ejemplo 6b:

Recuerda que todos estos acordes son intercambiables con cualquier acorde en su familia de la séptima dominante. Es decir, podrías querer tocar A13s en vez de A7s, etc.

Otra idea es también utilizar el acorde bVI (F o F9) con el D7 en el compás diez.

Ejemplo 6c:

Antes de observar la siguiente progresión de acordes, vuelve a ver el ejemplo 5e.

Cuando utilizamos los acordes VI y II en los compases ocho y nueve, es común repetir los acordes desde los compases ocho a diez, duplicando la frecuencia en los dos últimos compases del turnaround.

Esto es más sencillo de ver por escrito, así que échale un vistazo al **ejemplo 6d:**

Escucho esta progresión como "armada" por el acorde de séptima disminuida en el compás seis. Pero no estás obligado a tocarlo si utilizas el acorde disminuido como puedes ver aquí, en el **ejemplo 6e:**

Como he mencionado, la tensión musical en el blues de 12 compases aumenta hacia el final de la estructura, con los dos acordes E7 (V) de los últimos cuatro compases teniendo la mayor necesidad de resolución. Ya que estas partes de la progresión son tensas de todas formas, son un gran lugar en donde agregar *alteraciones cromáticas* a los acordes dominantes (V) para aumentar aún más su vuelta a la tónica.

Un gran acorde para desarrollar la tensión en estos puntos es E7#9. Puede que ya lo conozcas como el "acorde Hendrix", porque fue utilizado a menudo en varias canciones como *Purple Haze* y *Foxy Lady*. Se toca en la guitarra de esta manera:

Pruébalo como último acorde en el turnaround, como se observa en el **ejemplo 6f:**

E9 Eb9 D9   A13   D9   A13   E7(#9)

Bars
9 - 12

El siguiente ejemplo es un poco más "jazzístico", pero también me gusta utilizar el 7#9 como un acorde pasando entre D7 y F#7 de la siguiente manera:

Ejemplo 6g:

D7   Ebdim7   A7   D9   C#7(#9)   F#7

Bars
5 - 8

Bm7 F9   E9   A7   F#7   Bm7   E13

Bars
9 - 12

Los ejemplos en esta sección realmente solo están arañando la superficie de las ideas de acordes de jazz, pero representan algunas de las sustituciones más normales que son utilizadas en la progresión del blues de 12 compases moderno.

Capítulo 7 – Colocación rítmica con el blues de tresillo

Mientras que los capítulos anteriores han estado principalmente basados alrededor de las ideas para la estructura de blues y variaciones de su forma armónica, este capítulo observa más en detalle la colocación rítmica y los conceptos que puedes aplicar a toda tu interpretación.

Blues de tresillo

He mencionado anteriormente que podemos contar "1 2 3 1 2 3 1 2 3 1 2 3" a través de cada compás en este tipo de blues de 12 compases. Esta es la razón por la que llamamos a este estilo la sensación de *tresillo*. Si aún no estás cómodo con esta idea, escucha a la pista de acompañamiento 4 y cuenta el tresillo en voz alta de la forma en que se describe previamente.

A pesar de que pueda sonar extraño al principio, cada una de las tres divisiones del tiempo se considera como una corchea.

Hay tres *corcheas* por pulso. Esto no tiene un sentido matemático en el mundo "real", pero es una convención musical y un concepto extremadamente importante en mucha de la música que escuchas.

En el ejemplo 7a, la fila de notas de arriba muestra el tiempo o pulso principal de la música, y la fila de abajo muestra cómo las tres corcheas encajan en cada tiempo.

Ejemplo 7a:

Cuatro tiempos x **tres corcheas** por tiempo = **doce corcheas por compás**.

Esto es lo que supone una *fórmula de compás* de 12/8: 12 notas de corchea por compás.

¡Suficientes matemáticas! Veamos la interpretación de acordes en algunas de estas subdivisiones rítmicas.

Una muy simple forma de tocar la guitarra rítmica de blues que ya hemos cubierto consiste en sólo rasguear en cada pulso del compás.

Ejemplo 7b:

Podemos comenzar a agregar más interés tocando las subdivisiones de tresillo. Utiliza golpes hacia abajo para rasguear el siguiente patrón que usa todas las subdivisiones.

Ejemplo 7c:

Esto agrega más movimiento, pero está muy lleno de sonidos. Prueba tocando sólo en el primer y tercer tresillo de cada tiempo, como se muestra en el **ejemplo 7d:**

Escucha el ejemplo de audio si no estás seguro de cómo tocar este concepto.

Personalmente siento que en la mayoría de las situaciones de banda, es mejor dejar mucho espacio en la parte de la guitarra rítmica. Tocar escasamente, especialmente al inicio de una melodía, le da espacio a la canción para crecer. Aquí hay algunos patrones que usan los ritmos de tresillo, pero también dejan grandes brechas que pueden ser llenadas con otros instrumentos.

Ejemplo 7e:

Ejemplo 7f

Ejemplo 7g:

Ejemplo 7h:

En cualquier momento en que desees, agrega *scratches* de percusión al patrón de tu mano que puntea. Retén el acorde pero libera la presión de las cuerdas con la mano con que trasteas mientras que el patrón de tu mano que puntea mantiene una fuerte sensación de tresillo. Las notas para las que usé la técnica del scratch están transcritas con una 'x'.

Ejemplo 7i:

Aunque he transcrito el acorde completo, normalmente solo tocaré las cuatro cuerdas más altas en la guitarra para evitar que el sonido se vuelva muy "bajístico".

Prueba los ejemplos 7d a 7i de nuevo, pero esta vez sólo toca en las primeras cuatro cuerdas de arriba y agrega rasgueos silenciados en algunos de los espacios.

Trabaja en llevar a cabo algunos de estos patrones a través de un coro completo de 12 compases. También deberías intentar haciendo tus propios patrones de ritmo simplemente dejando pasar diferentes combinaciones de tresillos. Estos patrones pueden ser tan escasos o densos como te guste a ti.

Subdivisiones del pulso de semicorchea

Cada una de las tres corcheas en cada tiempo puede ser subdividido y separado en dos *semicorcheas,* logrando un total de seis subdivisiones por cada pulso principal. Eso se muestra en el **ejemplo 7j:**

La línea de más arriba en este ejemplo muestra las divisiones de tresillo con las que has estado trabajando en los ejemplos anteriores y la línea de abajo te muestra cómo cada tresillo puede ser dividido *equitativamente* en dos subdivisiones, resultando en 6 divisiones parejas de cada tiempo mayor. La forma más sencilla de contar esto en voz alta es **1y2y3y1y2y3y**, etc.

Rasguea este ritmo mientras silencias tus cuerdas. Rasguea **Abajo***arriba-abajo-arriba-abajo-arriba*. Acentúa el primer golpe hacia abajo de cada pulso e intenta sincronizarlo con el audio en el ejemplo 7j.

Cuando tocamos los ritmos de blues basados en la subdivisión de semicorcheas podemos crear muchos patrones interesantes de rasgueo. Es importante no abrumar al resto de la banda, ¡así que *te recomiendo tener en cuenta la discreción y el uso del espacio!*

Para mantenerme dentro del tiempo y ayudar con mi dinámica, yo suelo tocar rasgueos silenciados en cada semicorchea y acentuar sólo las notas que deseo tocar con un acorde no silenciado. En los siguientes ejemplos, las notas silenciadas son notadas con una *x*. Para obtener la sensación, toca el **ejemplo 7k** (todos rasgueos silenciados) con la pista de audio.

Luego, prueba tocar silenciosamente *todas* las subdivisiones con un acorde A7 sin abrumar la percusión y el bajo. Para lograr esto, relaja tu muñeca y nota que no tienes que tocar cada cuerda. Puede que también quieras acentuar cada pulso principal del compás.

Ejemplo 7l:

Ahora combinaremos algunas ideas de corchea y semicorchea. Prueba tomar estos patrones a través de toda la progresión de 12 compases.

Ejemplo 7m:

Ejemplo 7n:

Ahora probemos combinando los scratches de percusión con golpes de staccato. Esta idea es un poco más desafiante ya que estamos tocando de una forma muy sincopada. Comienza lento y gradualmente aumenta tu velocidad cuando logres incorporar la sensación del ritmo. Recuerda mantener tus scratches ligeros y acentuar los golpes de staccato.

Ejemplo 7o:

Ejemplo 7p:

Ejemplo 7q:

Algo importante de practicar es *imitar* los rasgueos para llevar cuenta del tiempo. No siempre querrás tocar una nota *o* un scratch en un pulso, ya que algunas veces la música requerirá silencio. Practica imitar las notas de semicorchea de la misma forma en que practicaste los scratches de semicorchea con tu mano derecha. Esta vez, sin embargo, simplemente no hagas contacto con las cuerdas de la guitarra.

El ejemplo 7r incluye un descanso de la nota de semicorchea en el pulso uno. Mantén tu mano que rasguea moviéndose a través de este patrón.

Ejemplo 7r:

No olvides que todavía podemos usar ideas como deslizar acordes desde un semitono de más abajo también. Esto casi crea un "sub ritmo" contra el groove principal de la parte rítmica. Échale un vistazo a esto en el **ejemplo 7s:**

Usa los patrones de rasgueo en este capítulo para tocar progresiones completas de blues. No temas alterarlos o combinarlos en cualquier forma, y no olvides que un patrón de ritmo puede durar más tiempo que un compás. Lo mejor que puedes hacer es *escuchar* tus grabaciones favoritas y copiar el acercamiento de los intérpretes que te gustan.

Capítulo 8 – Colocación rítmica con el blues directo

En una sensación de tiempo "directa", cada pulso en el compás se divide en subdivisiones uniformes. Mientras que las sensaciones de tresillo se dividen en grupos de tres, las sensaciones directas se dividen en grupos de dos y cuatro.

En el ejemplo 8a, la fila de arriba muestra el pulso principal de negra del compás y la fila de abajo muestra cómo cada tiempo está dividido en dos subdivisiones.

Ejemplo 8a:

Observa la marca de tiempo de 4/4. Si una marca de tiempo tiene el número 4 en la parte de abajo, entonces la convención será agrupar las subdivisiones en divisiones uniformes.

Comenzaremos una vez más rasgueando en el primer pulso de cada compás, y a pesar de que este es un ejercicio similar al ejemplo 7b, descubrirás que este ritmo se siente muy diferente cuando se toca con un groove directo de percusión.

Recuerda, no tienes que tocar el acorde completo, usualmente alcanzará solo con las cuatro cuerdas de arriba.

Ejemplo 8b:

Podemos crear más movimiento tocando en cada subdivisión de 1/8vo de nota (corchea).

Ejemplo 8c:

Tocar en cada corchea puede ser un poco denso rítmicamente, así que aquí tienes algunos patrones que usan notas de corchea pero no tocan cada subdivisión del pulso. Toma estas figuras rítmicas a través de la secuencia de acordes completa de 12 compases. Toca con la pista de acompañamiento 1: Blues directo en A.

Ejemplo 8d:

Ejemplo 8e:

Ejemplo 8f:

Ejemplo 8g:

Una vez más, podemos utilizar los scratches (rasgueos silenciados) para agregar ritmos de percusión a los acordes y para ayudar a mantener el tiempo. En los siguientes ejemplos yo suelo dividir el acorde para tocar en algunos momentos en las cuerdas del bajo y en otros tocar las cuerdas altas.

Ejemplo 8h:

Ejemplo 8i:

Ejemplo 8j:

Subdivisiones de nota de semicorchea del pulso

Como con los tresillos, cada nota de corchea puede ser a su vez dividida en notas de semicorchea duplicando cada una:

Para lograr un acostumbramiento para este ritmo, cuenta "1 e y a 2 e y a 3 e y a 4 e y a" en voz alta durante la pista de acompañamiento 1.

Prueba rasgueando este ritmo con cuerdas silenciadas. A lo largo de todo el compás, tu rasgueo debería ser:

Abajoarriba-abajo-arriba**abajo**arriba-abajo-arriba

Ejemplo 8k:

Ahora podemos estudiar algunos patrones de ritmo que utilizan combinaciones de semicorchea y corchea. Recuerda practicar estos ritmos a lo largo de toda la progresión de 12 compases con los cambios de acordes.

Ejemplo 8l:

Ejemplo 8m:

Ejemplo 8n:

Ejemplo 8o:

Ejemplo 8p:

El ejemplo 8p es un poco más delicado que los ejemplos anteriores. Escucha atentamente al audio del ejemplo y mantén tu mano que rasguea moviéndose en las notas de semicorchea.

Shuffle grooves de semicorchea

Las divisiones de semicorchea de cada tiempo no tienen que estar espaciadas uniformemente. Si la primera de cada grupo de dos notas de semicorchea es más larga y la segunda más corta, entonces se dice que el ritmo está tocado como un *shuffle*. Estos ritmos pueden parecer idénticos vistos en el papel, pero normalmente hay una indicación de la interpretación al comienzo de la música, tal como la palabra *shuffle* sobre el primer compás.

Escucha el **ejemplo 8q** y compáralo con el ejemplo 8k. Mientras que el ejemplo 8k es completamente directo y ordenado, el ejemplo 8q definitivamente tiene algunos saltos.

Ejemplo 8q:

El siguiente ritmo es el mismo en el ejercicio 8o, aunque esta vez el ritmo está tocado con una sensación de shuffle.

Ejemplo 8r:

Shuffle

Capítulo 9 – Rellenos melódicos entre acordes

La guitarra rítmica no solo consiste en tocar acordes. Es importante que aprendamos a decorar los acordes que tocamos para proporcionar movimiento y contramelodías al cantante o solista. El arte está en nunca excederse en la interpretación y asegurarse de que lo que tocamos es apropiado para la música. Siempre debería existir espacio para que la melodía se haga notar y brille. ¡Desordenar la melodía es una de las maneras más sencillas de ser expulsado de tu banda! Que tu objetivo sea tocar en los espacios que deja el cantante, no rellenes cada espacio posible, ¡y baja tu volumen un poco para no resaltar por encima de todos los demás sobre el escenario!

Rellenos en el acorde I

Los siguientes rellenos de ritmo funcionan bien en un acorde estático (mantenido) A7.

Ejemplo 9a:

Ejemplo 9b:

Ejemplo 9c:

Rellenos en el acorde IV

Estos licks llegan a algunas notas importantes del acorde D7. De todas formas, puedes desplazarlos a todos un tono hacia arriba para que se conviertan en líneas geniales para el acorde E7.

Ejemplo 9d:

Ejemplo 9e:

Ejemplo 9f:

Rellenos en el acorde V

De nuevo, puedes desplazar estas líneas de E7 un tono *hacia abajo* y funcionarán bien como licks de D7.

Ejemplo 9g:

Ejemplo 9h:

Ejemplo 9i:

Rellenos del acorde I al IV

Las siguientes ideas se utilizan para alcanzar notas mientras te mueves desde el acorde tónico (A7) al acorde subdominante (D7).

Ejemplo 9j:

Ejemplo 9k:

Ejemplo 9l:

Rellenos del acorde IV al I

Estos licks rellenan los espacios cuando se mueven desde D7 de nuevo hasta A7.

Ejemplo 9m:

Ejemplo 9n:

Rellenos del acorde V al IV

Los siguientes ejemplos agregan interés melódico cuando se mueven desde E7 hasta D7.

Ejemplo 9o:

Ejemplo 9p:

Rellenos del acorde I al V

Estos rellenos proporcionan un fuerte solo melódico cuando se mueven desde A7 al importantísimo acorde E7.

Ejemplo 9q:

Ejemplo 9r:

Ejemplo 9s:

Reiterando: no exageres estos licks cuando estés componiendo la guitarra rítmica en el blues. La ocasional línea melódica solista desde un acorde a otro o por un largo período de tiempo en un acorde estático le darán un gran constraste a una parte de guitarra rítmica algo repetitiva.

Nota cómo la mayoría de las líneas solo ocurren hacia el final del compás. El concepto crucial es dejar espacio para tu cantante o solista.

Capítulo 10 – Intros y outros

La capacidad de comenzar y terminar una canción de manera limpia puede ahorrarte un montón de vergüenza y ayudarte a forjar una interpretación memorable. Demasiadas veces he visto bandas con pocos ensayos mirándose entre sí desesperadamente sobre el escenario intentando encontrar a alguien que tome el control y termine la canción que estaban tocando. Tener algunos outros (e intros) almacenados te ayuda a encontrar la forma de darle fin a una melodía de blues de manera limpia.

Las intros de muchas canciones, no solo en el idioma del blues, están basadas usualmente en los últimos acordes o turnarounds de la canción. Hay un poco de mezcla de estilos en las siguientes canciones entre lo que se considera la guitarra "solista" y lo que se considera interpretación de guitarra rítmica, pero eso no es nada por lo que debas preocuparte.

Una de las grandes cosas que tiene aprender una intro es que éstas normalmente pueden funcionar también como una outro, solo depende de en qué acorde termines. Por ejemplo, observa esta intro en tonalidad de A mayor.

Ejemplo 10a:

Esta idea está basada en un acorde de séptima dominante descendiente y termina con un voicing de acorde E7 abordado desde un semitono de arriba. Terminando en el acorde E7 (dominante) de esta forma, obtenemos una sensación fuerte de que la línea musical quiere continuar y volver a A7.

Ahora echa un vistazo al **ejemplo 10b**. En este ejemplo la línea comienza exactamente de la misma forma, pero en vez de que los últimos dos acordes se muevan hacia E7 como antes, la línea termina con el A7 siendo abordado una vez más desde arriba. Esta decisión implica un cierto grado de irreversibilidad y puede ser bastante difícil mantener la música avanzando luego de este punto.

Ejemplo 10b:

Como puedes escuchar, este es el equivalente musical de un punto final.

Puedes alterar todas las líneas a continuación para terminar de esta forma si deseas que sean parte de una outro en vez de una intro.

El siguiente ejemplo contiene una nota A de estilo "drone", a medida que la línea del bajo desciende. Una vez más, el E7 es abordado desde arriba. Sin embargo, esta vez el acorde es tocado en un voicing mucho más bajo.

Ejemplo 10c:

Igual que antes, si terminas el lick moviéndote hacia un acorde A7, obtendrás una gran línea de outro.

El **ejemplo 10d** utiliza un recurso musical llamado *movimiento contrario,* donde dos partes se mueven en direcciones opuestas. Esta es una línea melódica muy fuerte basada en acordes cambiantes.

Ejemplo 10d:

En el ejemplo anterior, el acorde dominante es abordado desde un semitono de abajo.

La siguiente línea de intro se mueve a través de acordes ascendientes hasta el acorde dominante E7. El acorde A9 en el pulso dos también puede ser visto como un acorde C#m7b5, aunque en esta instancia es más sencillo pensarlo como un A9. Presta atención a un movimiento que hemos visto antes, el D mayor convirtiéndose en un acorde de séptima disminuida E antes de moverse hacia el E7. Este pequeño ajuste crea la línea de bajo cromática C#, D, Eb, E que tiene un movimiento armónico extremadamente fuerte.

Ejemplo 10e:

En vez de utilizar un acorde de aproximación hacia el E7, hay un lick mixolidio corto A para llegar suavemente al cambio.

En el **ejemplo 10f,** el movimiento melódico es creado en la parte superior del acorde utilizando cuidadosamente los voicings de acordes. Yo normalmente tocaría una línea como ésta usando solo los dedos de mi mano que puntea, o *punteo híbrido*, usando la púa y los dedos.

En los pulsos tres y cuatro hay un movimiento desde el acorde mayor IV (D) hacia el acorde iv menor (Dm). Este cambio rico en sonido agrega una gran cantidad de interés a la frase.

Presta atención a qué cuerdas contienen la nota melódica.

Ejemplo 10f:

Mientras que no hay un acorde E7 obvio en el ejemplo 10f, el lick del final *apunta* hacia la nota G#, que es uno de los tonos guía más importantes del acorde. Apuntar hacia G# de esta manera crea la ilusión para el oyente de que ha escuchado el acorde dominante, y la música está lista para comenzar.

Si quisiera convertir este lick de intro en un lick de outro, simplemente agregaría un A7 abordado por paso al final del lick:

Ejemplo 10g:

Si tienes dudas, será difícil equivocarte con este final de Jimi Hendrix. Este ejemplo usa acordes de potencia o acordes de quinta (power chords) ascendentes para subir hasta el acorde dominante pero termina con algunos grandes acordes '9' para un final clásico de rock.

Ejemplo 10h:

Intenta convertir este lick en una línea de intro cambiando el Bb9 y Ab9 por un F9 y E9.

Las intros y finales limpios son una parte muy importante de una actuación de alto nivel de una banda. Asegúrate de haber ensayado exactamente lo que estarás tocando para cada canción antes de subir al escenario. No hay nada peor que escuchar una banda tardar 8 compases en descubrir en qué parte deberían estar tocando. Tu audiencia probablemente también recordará tu final descuidado en vez de tu solo de guitarra revolucionario. ¡Aprende bien estos ladrillos básicos para la construcción de la música!

Capítulo 11 - Shell voicings

Una situación hipotética que nos puede suceder a todos en algún momento de nuestra carrera musical es la "noche de sesión improvisada de blues abarrotada de gente". Algunas veces podemos encontrarnos en el escenario con otros dos guitarristas, un tecladista, un bajista, tres cantantes y un fliscorno. Puede ser extremadamente complicado saber qué y *cuándo* tocar un acorde.

La música puede estar tan abarrotada armónica y rítmicamente que sea casi imposible tocar algo que mejore la música y la experiencia de la audiencia. Si realmente está tan lleno de gente en el escenario, mi mejor consejo es no tocar absolutamente nada. Podría funcionar bien tocar scratches silenciados y rítmicos en cuerdas amortiguadas, pero a menudo lo mejor es dejar un poco de espacio. Esta es una decisión musical totalmente legítima y que realmente puede ser "para un bien mayor".

Puedes, sin embargo, encontrarte en una banda donde las cosas están bastante complicadas pero (ojalá) están un poco menos densas. En estas circunstancias, yo suelo tocar muy dispersamente y utilizando ya sea *shell voicings*, o acordes *drop 2*.

Los shell voicings contienen solo la raíz, 3er y b7 de un acorde. No contienen el 5to del acorde ni ninguna extensión.

El 3er y 7mo de cualquier acorde son las dos notas que definen la calidad del acorde. Ninguna otra nota se necesita, ni siquiera la raíz, y de hecho a menudo evitaré completamente tocar la raíz si estoy tocando con un bajista ocupado.

Aprenderemos cómo tocar varias figuras diferentes de shell voicing para los acordes en el blues de 12 compases. Son fantásticos para usar rítmicamente cuando no tenemos mucho lugar armónico para tocar acordes más grandes. Los shell voicings también pueden ayudarnos a aprender una buena continuidad armónica entre cambios de acordes.

Aquí tienes algunos shell voicings para un acorde A7.

Ejemplo 11a:

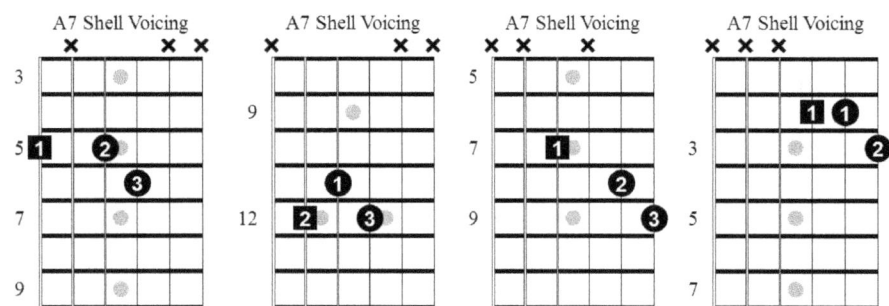

Estas figuras pueden ser tratadas exactamente como acordes con cejilla, de manera que son trasladables a cualquier lugar del mástil. Por ejemplo, podrías tocar a través de los acordes en un blues básico usando solo la figura móvil en la 6ta cuerda.

Ejemplo 11b:

De todas formas, esto es un poco simplista, así que veamos la interpretación de estas figuras en una posición en el mástil en el **ejemplo 11c:**

Prueba usar estas figuras de acordes en una progresión de blues completa y recuerda, todas las ideas que tenemos para el ritmo y los acordes de aproximación por pasos todavía aplican. Tu blues de 12 compases ahora podría sonar algo así:

Ejemplo 11d:

El ejemplo anterior es deliberadamente simple rítmica y armónicamente. Proporciona justo el movimiento suficiente para mantener las cosas interesantes como un estudio autocontenido, pero podrías desear tocar aún menos en una situación de banda.

Estos ejemplos no han explorado verdaderamente la interpretación de los shell voicings en grupos de cuerdas más altos. Veamos cómo podemos tocar los acordes en las cuerdas tres y cuatro de más arriba en el

Ejemplo 11e:

Aquí tienes los shell voicings que necesitas para tocar Bm7.

Bm7 Shell Voicing **Bm7 Shell Voicing** **Bm7 Shell Voicing** **Bm7 Shell Voicing** **Bm7 Shell Voicing**

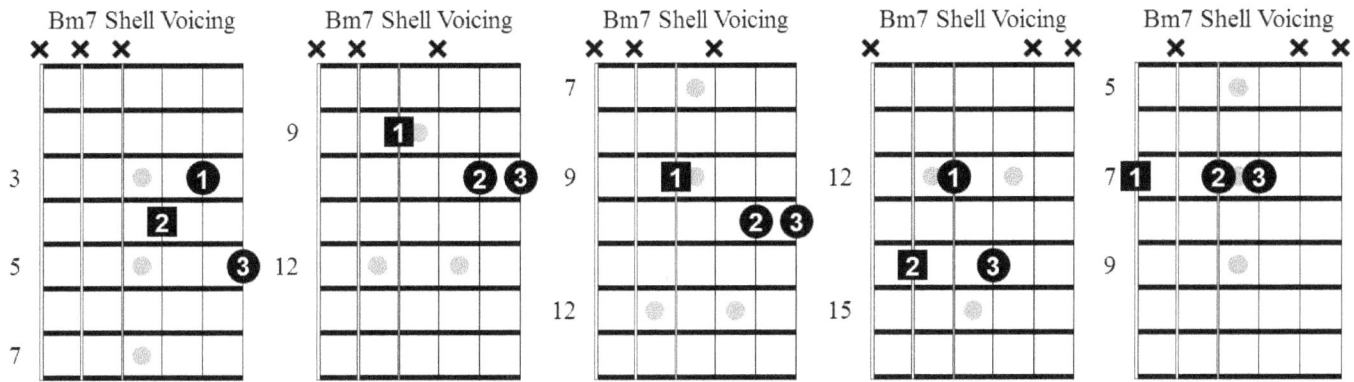

Ahora tenemos todos los voicings que necesitamos para tocar un blues extendido. El siguiente ejemplo demuestra cómo navegar los acordes en un blues de 12 compases con un turnaround 1 6 2 5. Cuando hayas memorizado los voicings de acordes, prueba agregar tus propios ritmos y acordes de aproximación para hacer tuya a la música.

Recuerda, la idea detrás de este acercamiento es mantener las cosas simples y dejar espacio para que toquen otros.

Cuando hayas aprendido este ejemplo, prueba encontrar tantas formas a través de los cambios como puedas, utilizando los shell voicings en diferentes grupos de cuerdas. Podrías comenzar con el primer acorde A7 ya sea en la 6ta, 5ta, 4ta o 3ra cuerda y luego intenta encontrar el voicing más cercano del siguiente acorde para moverte hacia él.

Ejemplo 11f:

Anteriormente he mencionado que podemos tocar solo las 3ras y 7mas de cada acorde sin las notas del bajo. Esta idea es muy buena porque nos enseña a ver y oír las notas más importantes del acorde como figuras vinculadas de cerca. Por ejemplo, aquí tienes los últimos cuatro compases del ejemplo anterior como 3eros y b7s:

Ejemplo 11g:

Cuando les enseño a mis estudiantes estos movimientos en la guitarra, a menudo les sorprende ver cuán cercanamente conectados están todos estos acordes. Estos *tonos guía* también pueden ser utilizados como una idea solista para bosquejar cada acorde que estemos tocando.

Tómate seriamente un tiempo de práctica descubriendo cómo tocar líneas de tonos guía sonoros en cada grupo de dos cuerdas. Por ejemplo, prueba tocar el blues de 12 compases usando solo 3eras y 7mas en la primera y segunda, segunda y tercera, tercera y cuarta y cuarta y quinta cuerdas.

Capítulo 12 – Voicings drop 2

En el capítulo anterior, hemos observado a los shell voicings como un método para mantenernos alejados de las partes abarrotadas de armonía y ritmo y nos enfocamos en tocar voicings de bajo registro para no llenar el rango donde los cantantes y solistas tienden a tocar.

Los acordes *Drop 2* también son una gran forma de mantenerse lejos de las partes de armonía densas, aunque esta vez normalmente tocaremos en un registro *más alto* donde el tono de la guitarra no es tan denso. Estos acordes son muy útiles en tempos más altos donde podríamos tocar con más percusión y agregar más golpes de staccato en vez de dejar que los acordes suenen por períodos más largos.

"Drop 2" es sencillamente una técnica de organización musical donde la segunda nota más alta en un voicing de acorde "cae" una octava. Por ejemplo, aquí tienes el acorde de A7 como un voicing de "posición cerrada":

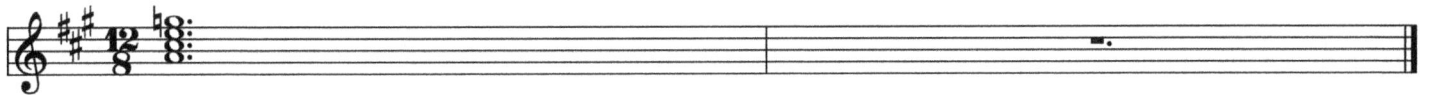

Cuando dejamos caer una octava la segunda nota más alta, el acorde se denomina un voicing "drop 2":

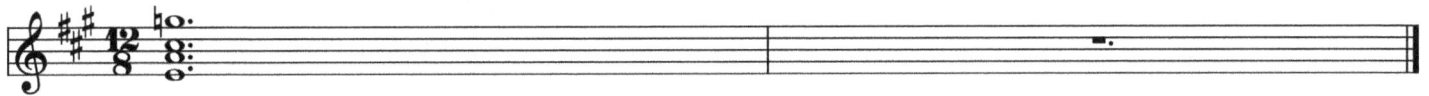

Una vez más, este no es un libro de teoría. Para más información, podrías querer echarle un vistazo a mi libro **Voicings de acordes "drop 2" para guitarra de jazz y moderna.**

Es común que los acordes drop 2 sean tocados sólo en las cuatro cuerdas más altas, que es en lo que nos enfocaremos aquí, pero es digno de investigación encontrar estos voicings de acordes también en las cuatro cuerdas del medio.

Cualquier drop 2 de cuatro notas puede ser tocado en cualquiera de las cuatro inversiones. Esto provee cuatro formas diferentes de tocar cada acorde. Puede que reconozcas algunos de los siguientes voicings:

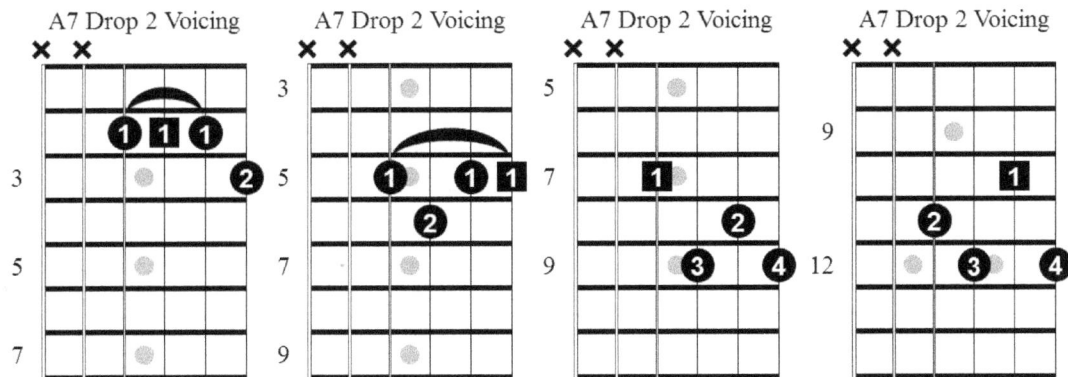

Estos son cuatro voicings drop 2 diferentes de exactamente el mismo acorde A7 organizado desde la posición más baja hasta la más alta del mástil. Nota que el punto cuadrado en cada ejemplo es la raíz del acorde, y ésta es sólo la nota más baja en uno de los voicings de acordes.

Comienza tocando los cuatro voicings de la siguiente manera:

Ejemplo 12a:

Luego, podemos vincular los acordes en el blues de 12 compases utilizando la figura más cercana posible para cada acorde. Comenzando con cada acorde por turno, tendremos cuatro formas fuertemente relacionadas de tocar la progresión I, IV, V:

Ejemplo 12b:

Ejemplo 12c:

Ejemplo 12d:

Ejemplo 12e:

Es vital saber cómo moverse entre los acordes I, IV y V en 4 posiciones, ya que así queda todo el mástil cubierto cuando tocamos la guitarra rítmica de blues. Siempre puedes moverte hacia un voicing cercano y mantener una buena continuidad armónica entre las partes de acordes. También podemos usar más de un acorde por compás para crear una línea melódica con la 1er nota de cada voicing como se ve en el

Ejemplo 12f:

Nota cómo abordo todos los acordes en el ejemplo anterior con deslizamientos de acorde graduales, ya sea desde arriba o abajo para ayudar a mantener la melodía fluyendo. Estos tipos de ideas son virtualmente ilimitadas, así que tener un buen entendimiento de los acordes drop 2 por todo el mástil es muy útil cuando tenemos que crear una parte rítmica interesante y *melódica* sin un sonido de acorde demasiado denso.

También podemos agregar los voicings drop 2 para el acorde Bm7 y usarlos de la misma manera:

Aquí tienes una forma de tocar el turnaround I VI II V en la tonalidad de A:

Ejemplo 12g:

Como con los ejemplos anteriores, prueba encontrar tantas formas diferentes de tocar a través de esta progresión de acordes como te sea posible. Tómalo en turnos para comenzar desde un voicing diferente del acode A7.

Finalmente echaremos un vistazo a algunos patrones de ritmo que podrías utilizar con voicings drop 2.

Ejemplo 12h:

Ejemplo 12i:

Ejemplo 12j:

Por supuesto, el patrón de ritmo que toques dependerá del groove de la canción, así que usa tus oídos y comprométete con la banda.

Capítulo 13 – El blues menor

Hasta ahora hemos examinado el blues de 12 compases basado en acordes de séptima dominante. Este es, probablemente, el tipo de blues más comúnmente tocado, pero hay un enfoque más que es muy útil y que podemos llevar al formato del acorde.

Podemos basar la progresión de 12 compases completa en acordes menores para crear un estado de ánimo muy oscuro. Es aceptable tocar *cada* acorde en esta progresión como un acorde menor, aunque a menudo usaremos un acorde dominante V (E7) para agregar tensión cuando se resuelve el acorde tónico (A7).

Esta es la estructura para un blues básico menor.

Ejemplo 13a:

Nota el cambio hacia A7 en el compás cuatro para ayudar a construir una transición fluida hacia el Dm en el compás cinco. En el compás seis yo utilizo un acorde Dm7 para obtener un poco de color y en el compás 12 yo uso un E7, no un Em para ayudar a construir tensión al final de la estructura.

Aquí tienes el nuevo vocabulario de acordes que necesitarás para la progresión anterior.

A minor   D minor   D minor 7   E minor 7

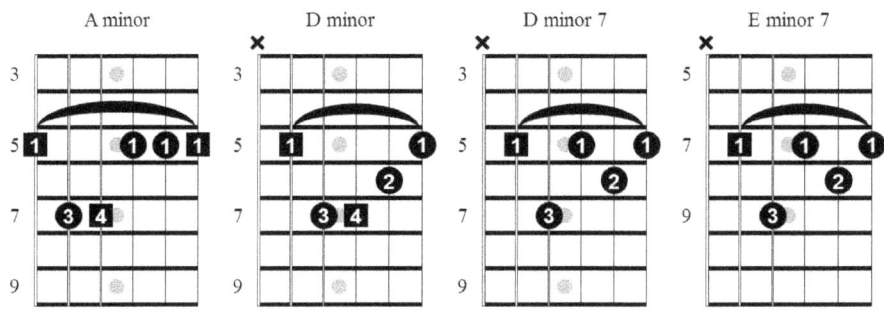

De la misma manera que con el blues de séptima dominante, existen muchas técnicas que también podemos utilizar para agregar interés y movimiento a la progresión de blues menor.

Toca toda la siguiente progresión y busca ejemplos de:

1) Sustituciones

2) Acordes de aproximación por pasos desde arriba y abajo

3) Uso de acordes alterados

4) Cambios de acordes menores a acordes dominantes en el mismo compás

Ejemplo 13b:

Am   Dm   Dm7   Am   E7(♯9)   Am   A7

Dm   Dm7   Am   B♭7   Am

Em   D♯7(♯9)   Dm   B♭7   Am   Dm   Am   E7

Escucha a intérpretes tales como Gary Moore y B.B. King, ya que ellos a menudo usan variaciones del blues menor en su música

Capítulo 14 – Otras formas de blues

Blues de 8 compases

El blues de 12 compases no es la única estructura establecida para el blues. El blues de 8 compases es utilizado frecuentemente en muchas canciones y es una figura muy importante de conocer. Hay muchas variaciones, pero la estructura básica es usualmente algo similar al **ejemplo 14a:**

Otra variación se puede observar en el **ejemplo 14b:**

Es común moverse desde el acorde IV (D mayor o D7) hasta el acorde *menor* iv (D menor o Dm7) en el compás cuatro.

Ejemplo 14c:

Este es el vocabulario de acordes que necesitas para el ejemplo anterior. Prueba intercambiando el D menor por un D menor 7.

De la misma forma en que alteramos los acordes y estructura del blues de 12 compases, podemos tomar un enfoque similar para tocar la figura de 8 compases.

En el siguiente ejemplo podemos sumar un acorde disminuido Eb en el compás cuatro y un turnaround I VI II V en los compases cinco y seis. Aunque esta vez el acorde VI (F#) es tocado como un acorde menor en vez del acorde de séptima dominante que hemos usado antes. Este F#m7 es, técnicamente, el acorde "correcto" para tocar en tonalidad de A mayor, pero los acordes son intercambiables libremente en el blues.

Ejemplo 14d:

Naturalmente, podemos agregar cualquiera de nuestras ideas armónicas del blues de 12 compases. Aquí tienes una forma de agregar el bVI al compás seis, y también hemos animado los acordes 7 con algunos 9nos, 13os y acordes de aproximación.

El ritmo es bastante simple, de manera que puedes concentrarte en la nueva forma de 8 compases, pero siéntete libre de ponerle un poco de pimienta a las cosas. Puede que desees también usar acordes drop 2 y/o shell voicings en esta canción. Existen muchas posibilidades para variar esta progresión de acordes, así que no tomes esta versión como algo definitivo.

Ejemplo 14e:

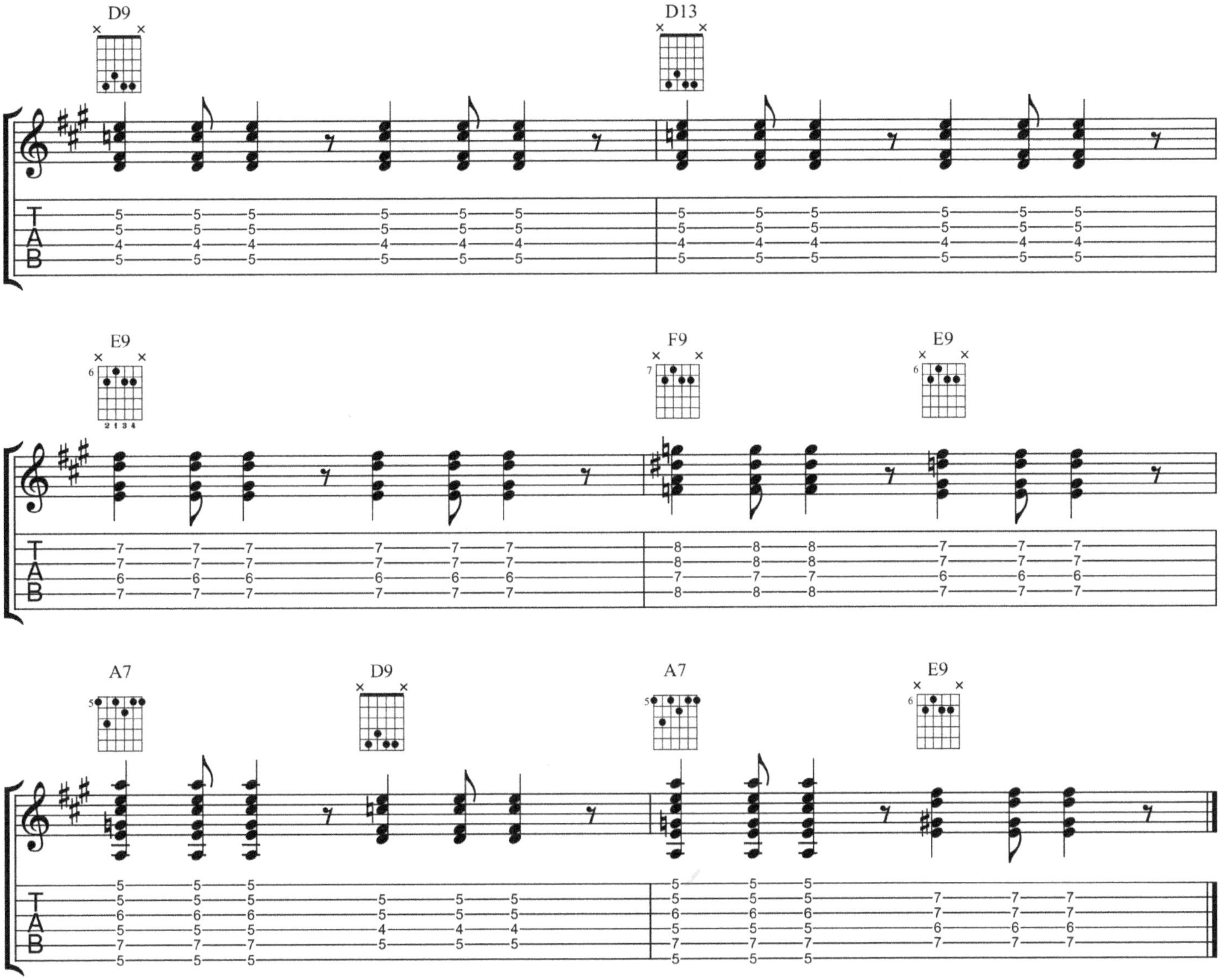
D9
D13
TAB
E9
F9
E9
TAB
A7
D9
A7
E9
TAB

Blues de 16 compases

Otra forma de blues muy conocida es la del blues de 16 compases. Es utilizada en canciones famosas tales como *Hoochie Coochie Man* (Muddy Waters) y *Oh Pretty Woman* (A.C Williams).

A menudo, el blues de 16 compases puede ser visto como blues de 12 compases con un final añadido de 4 compases. Una forma sencilla de esto se puede ver en el **ejemplo 14f:**

Otras figuras de 16 compases algunas veces repiten el movimiento de V a IV (acordes dominantes a subdominantes) en los compases nueve a catorce como se ve en el **ejemplo 14g:**

También encontrarás blues de 16 compases que se quedan en el acorde I (A7) por un largo tiempo. Esta puede ser una gran oportunidad para hacer uso de los voicings de acordes drop 2 en diferentes inversiones creando una melodía en movimiento al comienzo del acorde, como aprendiste en el ejemplo 12f.

Puedes escuchar esta idea de acorde I de ocho compases en el **ejemplo 14h:**

Es común encontrar este tipo de progresión en las canciones de pop o rock, ya que a veces los escritores no quieren mucho movimiento armónico al comienzo del verso.

Capítulo 15 - Conclusiones

Este libro ha sido diseñado para llevarte desde los principios fundamentales del blues básico de 12 compases hasta algunas sustituciones de acordes, ritmos y rellenos melódicos complejos. El énfasis ha sido puesto en encajar con la banda, agregando cosas al groove y teniendo en cuenta qué tocar y qué dejar afuera.

Lo habitual es que menos es más. La guitarra también puede ser un instrumento de percusión, así que no tengas miedo de rellenar los espacios con scratches rítmicos y acordes dispersos y, si dudas, de quedarte en silencio. No tienes que tocar cada acorde si hay otro instrumento que lo pueda hacer por ti.

Cada vez que tocas, ya sea practicando o en la banda, prueba grabando tus sesiones y nota qué es lo que está agregando tu parte de guitarra a la música. Puede que sientas que deberías tocar más *o menos,* que debes tocar *más* cerca del bajo y percusión, *en contra* del bajo y percusión o solo quizá proporcionar el *relleno armónico* que consista en tocar un acorde por compás.

ambién está bien pedir que la banda se reúna para decidir exactamente qué y dónde está tocando cada instrumento. Por supuesto, siempre debería quedar espacio para la espontaneidad y la improvisación, pero un tiempo en la sala de ensayo para construir la pista desde cero realmente puede revolucionar el sonido de tu banda.

Normalmente me gusta comenzar con el baterista tocando solo con un metrónomo. Desde allí, haz que ingrese el bajo y cuando comiencen a unirse, ese será el momento de sumar los instrumentos armónicos. No hay reglas estrictas, pero a mí me gusta que el tecladista toque primero de manera que yo pueda trabajar con mi parte alrededor suyo.

Puede ser complicado tener una guitarra y un teclado en la banda, ya que ambos instrumentos toman mucho espacio sónico. Pídele al tecladista que toque sólo con su mano derecha si las cosas se están poniendo muy pesadas en la frecuencia de la guitarra o, si ya está tocando voicings más altos de los acordes, puedes atenerte a los shell voicings bajísticos en la guitarra.

Si hay dos guitarristas en la banda, *NO toquen la misma parte.* Reúnanse o arreglen las cosas de manera que utilicen diferentes enfoques en diferentes registros. Por ejemplo, si una guitarra está tocando un riff de cuerda abierta, podrías desear probar tocando *pads* de acorde drop 2 o cortes de staccato rítmicos. Podrías simplemente querer encargarte de los rellenos melódicos entre los acordes o los licks de blues impares entre los vocales: estilo B.B. King. Igualmente no exageres, guárdalo para el solo.

Si estás tocando el cover de una canción, escucha tantas grabaciones de esa canción como artistas la hayan interpretado. Ve qué instrumentos utilizan y cómo han construido la pista con su propio sonido personal. Esto debería inspirarte y guiarte hacia el descubrimiento de la identidad de lo que buscas como músico.

Existen miles de artistas de blues ahí afuera, e intentar darte una lista definitiva de músicos que deberías escuchar es, francamente, una tarea imposible. En las siguientes páginas, he intentado darte algunos artistas y álbumes específicos que podrías pensar que es útil oír. Esta lista no es exhaustiva bajo ningún punto de vista, y por favor no me envíes correos amenazantes si tu artista favorito no aparece aquí.

No te olvides, lo que podría hoy ser considerado como rock, definitivamente tiene sus raíces en el blues. Consulta bandas como Led Zeppelin, Cream, Pink Floyd, The Who y AC/DC. Oye las influencias del blues y escucha lo que hace que esta música se cruce hacia el Rock.

Para una fácil comunicación, la mayoría de estos ejemplos están escritos en tonalidad de A, pero debería ser considerado como leído que *cualquier* tonalidad es una tonalidad común en la que tocar el blues. Algunas de las tonalidades más "normales" son E, G y C, pero si hay un instrumento de metal o madera de viento en la banda podrían pedirte que toques en las tonalidades de Bb, Eb, Ab o Db. Cualquier figura de acorde con cejilla en este libro es obviamente móvil, pero si un riff usa cuerdas abiertas, podrías necesitar ser muy creativo sobre mover esa idea a una clave extraña para los guitarristas.

Muchas canciones de blues (y efectivamente de rock) están en la tonalidad de Eb y son tocadas con riffs de cuerda abierta en la guitarra. Esto es logrado simplemente afinando la guitarra un semitono hacia abajo, de manera que la afinación de las cuerdas abiertas sea Eb, Ab, Db, Gb, Bb y Eb.

Stevie Ray Vaughan y Jimi Hendrix junto con muchos otros, son famosos por tocar normalmente con la guitarra afinada en Eb. Hay algunas razones para esto, primero, el rango vocal masculino puede ser bastante cómodo en esa afinación, pero la razón principal es que una Fender Stratocaster en Eb con cuerdas gruesas (¡prueba 11s o 13s!) y un amplificador con alto sonido suenan hermosamente. Normalmente yo guardo una guitarra extra afinada en Eb si necesito transcribir un solo o dar un recital con poco tiempo de anticipación.

El tono de la guitarra es otra consideración importante de tener. Podría llenar otro libro solo hablando de tono, pero basta decir que para la interpretación de la guitarra rítmica de blues, dependiendo del contexto yo estaría apuntando a un sonido más limpio, que comience a disolverse un poco cuando rasguees un poco más fuerte. Un consejo es usar tu control de volumen como un control de tono extra. No hay suficientes guitarristas que estén conscientes de la diversión que se puede tener con un amplificador de alto sonido controlado por un uso inteligente de tu perilla de volumen, y las muchas y diversas texturas que esto crea.

El mejor consejo que le puedo dar a cualquier persona es que escuchen tanto como puedan del estilo que desean tocar. Transcribe partes de guitarra rítmica, *aún* si es *solo* el ritmo lo que estás agarrando. El voicing de acorde diferente ocasional es insignificante comparado con el beneficio que obtendrás de comprometerte con el groove de tu intérprete favorito.

Buena suerte, y diviértete.

Joseph

Sé social

Únete a otras más de 5000 personas que están obteniendo seis clases de guitarra gratuitas diariamente en Facebook:

Para más de 200 lecciones de guitarra con video gratuitas, echa un vistazo a:

www.fundamental-changes.com

Twitter: @guitar_joseph

FB: FundamentalChangesInGuitar

Instagram: FundamentalChanges

Recomendamos escuchar

Albert Collins - *Cold Snap*

Albert Collins, Robert Cray & Johnny Copeland – *Showdown!*

Albert King – *Born Under A Bad Sign*

Arthur 'Big Boy' Crudup – *That's All Right Mama*

Bessie Smith – *The Complete Recordings, Vol. 1*

Big Bill Broonzy – *Trouble In Mind*

Billie Holiday –*Songs for Distingué Lovers*

Blind Willie McTell – *The Definitive Blind Willie McTell*

Bo Diddley – *Bo Diddley Is a Gunslinger*

Buddy Guy & Junior Wells – *Buddy Guy & Junior Wells Play the Blues*

Bukka White – *The Complete Bukka White*

Charley Patton – *Pony Blues*

Elmore James – *Shake Your Moneymaker: The Best of The Fire Sessions*

Etta James – *The Chess Box*

Furry Lewis – *Shake 'Em On Down*

Gary Moore - *Blues for Greeny*

Howlin' Wolf – *The Chess Box*

Jimi Hendrix - *Are You Experienced*

Jimmy Reed – *Blues Masters: The Very Best Of*

Joe Bonamassa - *Live from the Albert Hall*

John Lee Hooker – *Alternative Boogie: Early Studio Recordings 1948 – 1952*

Johnny Winter - *Johnny Winter*

Leadbelly – *King of the 12-String Guitar*

Lightnin' Hopkins – *The Complete Prestige/Bluesville Recordings*

Lightnin' Slim – *Rooster Blues*

Lonnie Johnson – *The Complete Folkways Recordings*

Magic Sam – *West Side Soul*

Mance Lipscomb – *Texas Sharecropper & Songster*

Memphis Minnie – *The Essential Memphis Minnie*

Mississippi John Hurt – *1928 Sessions*

Muddy Waters – *At Newport 1960*

Otis Rush – *Cobra Recordings: 1956-1958*

Pink Anderson – *Ballad and Folksinger – Vol. 3*

R.L. Burnside – *Wish I Was in Heaven Sitting Down*

Reverend Gary Davis – *Harlem Street Singer*

Robben Ford - *Talk to your Daughter & Worried Life Blues*

Robert Johnson – *King Of the Delta Blues Singers*

Skip James – *The Complete Early Recordings Of Skip James* – 1930

Smoky Babe – *Hottest Brand Goin'*

Son House – Father Of The Delta Blues: *The Complete 1965 Recordings*

Sonny Boy Williamson [II] – *One Way Out*

Stevie Ray Vaughan - *Texas Flood & Couldn't Stand the Weather*

T-Bone Walker - *I Get So Weary*

T-Bone Walker – *The Complete Imperial Recordings: 1950-1954*

Tommy Johnson – *Canned Heat* (1928-1929)

Willie Dixon – *I am the Blues*

Realmente hay demasiados álbumes de blues excelentes para mencionar, así que aquí tienes una lista de los mejores guitarristas de blues modernos que deberías escuchar:

Albert King

B.B. King

Big Bill Broonzy

Blind William Jefferson

Bonnie Raitt

Buddy Guy

Chris Duarte

David Gilmour

Duane Allman

Eric Clapton

Freddie King

Gary Moore

Jack White

Jeff Healey

Jimi Hendrix

Jimmy Page

Joe Bonamassa

John Lee Hooker

John Mayer

Johnny Winter

Jonny Lang

Kenny Wayne Shepherd

Lead Belly

Lightnin' Hopkins

Luther Allison

Muddy Waters

Otis Rush

Peter Green

Robben Ford

Robert Cray

Robert Johnson

Rory Gallagher

Roy Buchanan

Sonny Landreth

Stevie Ray Vaughan

Sue Foley

T-Bone Walker

Wes Montgomery

Estoy seguro de que no he incluido a los favoritos de todos, ¡así que les pido disculpas anticipadamente!

Otros libros de Fundamental Changes

Guía completa para tocar guitarra blues - Libro 1: Guitarra rítmica

Guía completa para tocar guitarra blues - Libro 2: Fraseo melódico

Guía completa para tocar guitarra blues - Libro 3: Más allá de las pentatónicas

Guía completa para tocar guitarra blues - Compilación

El sistema CAGED y 100 licks para guitarra blues

Cambios fundamentales en guitarra jazz: ii V I mayor

Dominio del ii V menor para guitarra jazz

Solos de jazz blues para guitarra

Escalas de guitarra en contexto

Acordes de guitarra en contexto - Parte 1

Dominio de los acordes en guitarra jazz (Acordes de guitarra en contexto – Parte 2)

Técnica completa para guitarra moderna

Dominio de la guitarra funk

Teoría, técnica y escalas – Compilación completa para guitarra

Dominio de la lectura a primera vista para guitarra

El sistema CAGED y 100 licks para guitarra rock

Guía práctica de la teoría musical moderna para guitarristas

Lecciones de guitarra para principiantes: Guía esencial

Solos en tonos de acorde para guitarra jazz

Guitarra rítmica en el heavy metal

Guitarra líder en el heavy metal

Solos pentatónicos exóticos para guitarra

Continuidad armónica en guitarra jazz

Solos en jazz - Compilación completa

Compilación de acordes para guitarra jazz

Fingerstyle en la guitarra blues

www.ingramcontent.com/pod-product-compliance
Lightning Source LLC
Chambersburg PA
CBHW081134090426

42737CB00018B/3338